AF370189

ORDONNANCE
DU ROI,

*Concernant l'administration des Fourrages
pour les chevaux de la Cavalerie,
Dragons & Hussards.*

Du 31 Mai 1776.

DE PAR LE ROI.

'ÉTABLISSEMENT des Conseils dans les régimens, facilitant aux Officiers des Troupes de Sa Majesté, les moyens de connoître & de surveiller toutes les parties du service relatif aux approvisionnemens des Fourrages, SA MAJESTÉ a ordonné & ordonne ce qui suit :

ARTICLE PREMIER.

A l'époque du 1.er Juillet prochain, Sa Majesté n'entend

A

plus que la fourniture des fourrages soit faite par les Entrepreneurs qui en étoient chargés.

2.

SA MAJESTÉ veut que les régimens de Cavalerie, Dragons & Huffards, foient à l'avenir chargés, tant en garnison qu'en quartier d'hiver, de faire eux-mêmes, au meilleur marché possible, les achats des avoines, foin & paille néceffaires à la fubfistance de leurs chevaux, à l'exception des corps qui fe trouvant dans les provinces de pays d'États, continueront à recevoir les fourrages en nature, que lefdites provinces font tenues de leur fournir. L'adminiftration de la fubfistance des chevaux fera régie dans chaque régiment par le Confeil d'adminiftration qui, déformais, à la pluralité des voix, règlera tous les arrangemens relatifs aux achats & aux diftributions des fourrages de chaque régiment.

3.

DÉFEND expreffément Sa Majefté à tout Colonel ou autres Commandans, en fon abfence, de rien ftatuer ni ordonner à cet égard fans le concours & la mûre délibération du Confeil affemblé.

4.

SERA tenu le Confeil de fe pourvoir de trois regiftres reliés pour fervir à enregiftrer confécutivement, fans glofe, furcharge, ni rature, & diftinctement par année les difpofitions relatives à la manutention des fourrages. Le premier regiftre contiendra les délibérations; le fecond, l'extrait des achats; le troifième, l'état des diftributions dans la forme prefcrite par les modèles ci-joints. Chacun des articles de délibération, d'achats & de diftributions, à mefure qu'ils feront infcrits dans ces regiftres, feront fignés des cinq Membres du Confeil.

5.

DÈS le moment que paroîtra la préfente Ordonnance,

3

les Intendans des provinces pourvoiront à ce que chaque
régiment trouve inceſſamment dans les garniſons ou quartiers, des magaſins & des greniers en état de recevoir les
approviſionnemens ; ils pourvoiront auſſi à ce qu'il ſoit
établi, dans chaque magaſin d'avoine, un boiſſeau de
Paris, dont la baſe ſera de huit pouces dans œuvre au
quarré, & la hauteur de dix pouces ; un deux-tiers de
boiſſeau à la même baſe, ſur ſix pouces huit lignes de
hauteur ; un demi-boiſſeau de huit pouces quarré & de
cinq pouces de hauteur ; & enfin un double boiſſeau, dont
la baſe ſera d'un pied quarré ſur huit pouces dix lignes
& demie de hauteur.

6.

A chaque porte des magaſins, ſeront placées deux
ſerrures de ſûreté, dont auront les clés le Commandant &
le plus ancien Capitaine. L'ouverture, ainſi que la fermeture
deſdits magaſins, ne pourront ſe faire qu'en préſence d'un
des Chefs du Conſeil, au moins.

7.

AVANT de procéder à l'achat des approviſionnemens,
le Conſeil d'adminiſtration aura ſoin de s'informer du
prix des fourrages des environs, & de ſe faire remettre
un état de leur prix dans la généralité, par les Bureaux des
Intendances. D'après ces états & renſeignemens, le Conſeil
déterminera le prix auquel on peut faire les achats ; il
donnera les ordres en conſéquence aux Officiers & Fourriers chargés des achats.

8.

IL ſera tenu compte aux Officiers & Fourriers employés
aux achats, de leurs frais de voyages, ſuivant qu'ils ſeront
réglés par le Conſeil.

9.

DÉFEND Sa Majeſté à tout Officier, de quelque grade
qu'il ſoit, à peine d'être privé de ſon emploi, & à tous
Fourriers employés auxdits achats, ſous peine de punition

corporelle, de s'approprier aucun bénéfice, de faire à leur profit aucune composition avec les Vendeurs, d'exiger ni même recevoir aucun présent, quelque modique qu'il puisse être : Se réservant Sa Majesté d'accorder annuellement des gratifications à ceux qui auront prouvé leur zèle & leur intelligence, par les achats les plus avantageux, lesquelles gratifications seront proportionnées aux bénéfices opérés sur les marchés faits au-dessous des prix communs, & seront accordées tous les ans, sur le compte qui en sera rendu par le Conseil, au Secrétaire d'État de la guerre.

I O.

LORS de la réception des fourrages, les Officiers du Conseil, au nombre de deux au moins, se trouveront aux magasins, & feront mesurer, peser, vérifier, compter tout ce qui y entrera; il sera par eux ensuite rendu compte au Conseil, de la quantité & de la qualité des fourrages, par un rapport par écrit signé d'eux; il sera inscrit sur le registre des achats : Et de tous ces rapports qui constateront ainsi les approvisionnemens successifs qui se feront, il sera fait tous les mois un relevé, lequel sera envoyé au Secrétaire d'Etat de la guerre; il en sera remis un double à l'Officier général qui commandera.

I I.

ENTEND Sa Majesté que les quatre au cent sur les foins, pailles, & toute autre bonne mesure usitée, suivant les différens pays, sur les avoines, tournent au profit des magasins du régiment, ainsi que tous les restes de fourrages qui, à la fin de la distribution des approvisionnemens, se trouveront en excédant du nombre des rations mises en magasin & portées en recette : Veut Sa Majesté qu'il soit fait mention de leur emploi.

I 2.

LORSQU'IL s'agira du payement des fourrages, il sera remis au Quartier - maître un mandat signé des Membres

5

du Conseil, pour être acquitté, par le Trésorier des Troupes: du montant de la somme dont le Conseil aura jugé devoir disposer, le Quartier-maître qui sera tenu de toucher ladite somme & d'en donner son reçu, en remettra la valeur à celui qui aura été désigné par le Conseil pour la recevoir, & lui fournir les quittances des Vendeurs.

13.

SERONT transcrites sur le livre des achats, toutes les quittances fournies par les Vendeurs, & dûment certifiées par les cinq Membres du Conseil, qui les auront examinées. Ne seront admis & n'auront droit à aucune répétition les Vendeurs, au-delà du terme de six mois révolus après la livraison; seront néanmoins conservées dans un carton lesdites quittances pendant le même temps, au bout duquel elles seront brûlées d'après les ordres & en présence de l'Officier général de la division.

14.

LA ration de fourrage, soit en garnison, soit en quartier, sera composée de dix livres de foin, de dix livres de paille & d'un demi-boisseau d'avoine mesure de Paris, tant pour la Cavalerie que pour les Dragons; de huit livres de foin, de dix livres de paille & d'un demi-boisseau d'avoine même mesure, pour les Hussards, & ce depuis le 1.er Novembre jusqu'au 1.er Mai; & pendant les mois d'été, en considération des exercices, la ration d'avoine sera de deux tiers de boisseau, & faute de paille de froment, rare en certains pays, la ration de foin sera de douze livres de foin, quand il n'y aura que moitié paille, & de quinze livres de foin sans paille, tant pour la Cavalerie que pour les Dragons; de dix livres de foin, quand il n'y aura que moitié paille, & de douze livres sans paille, pour les Hussards.

15.

VEUT bien accorder, Sa Majesté, deux rations par jour au Colonel, au Colonel en second, au Lieutenant-colonel

& au Major; son intention est que ces rations soient fournies en nature, autant que chacun desdits Officiers seront effectivement & personnellement pourvus de deux chevaux chacun pour les consommer; défendant qu'elles puissent être converties ou qu'il en soit fait décompte en argent.

16.

LES distributions se feront tous les quatre jours, excepté la dernière de la fin de chaque mois qui sera de deux ou de trois jours; elles seront faites en présence d'un Officier supérieur, d'un Capitaine & d'un Lieutenant, qui y seront commandés alternativement.

17.

CHAQUE jour de distribution, le Fourrier de chaque compagnie, sera tenu de former un état des chevaux effectifs des Officiers, des Cavaliers, & de le présenter au Capitaine ou Commandant, pour être signé de lui, & remis ensuite par le Fourrier à l'Adjudant chargé du détail des distributions.

18.

SA MAJESTÉ défend expressément à tout Officier, de quelque grade qu'il soit, sous peine d'être privé de son emploi, de recevoir, ni d'exiger, soit à titre de gratification ou autrement, pour sa compagnie ou pour lui-même, une seule ration de fourrage au-delà de ce qui doit lui revenir.

19.

LA distribution faite, il en sera remis au Colonel un état général, pour être inséré le même jour dans le registre du Conseil. Le relevé en sera chaque mois adressé au Secrétaire d'État de la guerre, ainsi qu'à l'Officier général qui commandera; il sera fait mention au bas dudit état, du nombre des rations de chaque espèce qui resteront au régiment, tant en magasin qu'en marchés arrêtés & restant à livrer.

7

20.

TOUT Cavalier, Dragon ou Huſſard, Domeſtique ou Vivandier, convaincu d'avoir volé du fourrage dans les magaſins militaires, dans les écuries & par-tout ailleurs, qui en auroit favoriſé le vol, ou qui en ayant eu connoiſſance, n'en auroit pas rendu compte, ſera paſſé par les courroies.

21.

LE Colonel ou Commandant du régiment, ſera tous les mois la viſite des magaſins, vérifiera s'ils ſont en bon état, bien couverts & bien fermés; il fera inſcrire ſa viſite de l'état des lieux, ſur le regiſtre des délibérations qu'il ſignera; &, dans le cas où il y auroit quelques réparations à faire, il en préviendra l'Intendant de la province, qui fera viſiter les magaſins, & donnera des ordres en conſéquence.

22.

CHAQUE Commandant d'un quartier détaché de l'État-major, obſervera & fera exécuter tous les règlemens portés par la préſente Ordonnance; il ſera Chef du conſeil de ſon quartier, qui ſera compoſé des deux plus anciens Officiers après lui : de concert avec eux, il ſe donnera les ſoins néceſſaires pour faire ſubſiſter les chevaux au meilleur prix, en rendra compte au Colonel, exécutera les ordres qu'il en recevra à ce ſujet, & tous les quinze jours il fera paſſer au Conſeil du régiment, les états de diſtributions, ſignés des membres de ce Conſeil, pour être employés dans l'état général du mois, qui doit être adreſſé au Secrétaire d'État de la guerre.

23.

LORSQU'UN régiment de Cavalerie, Dragons & Huſſards, ſera relevé par un autre, le Commandant de celui qui devra arriver, enverra à l'avance deux Officiers auxquels il sera exhibé par le régiment sortant de la garnison ou du quartier, en présence du Commissaire des guerres, s'il y en a, ou du Subdélégué, le dernier état de distribution envoyé au Secrétaire d'État de la guerre, d'après lequel la quantité de fourrages existans en magasin étant connue, il en sera délivré au régiment partant, un reçu par les Officiers du régiment qui le remplacera, il en sera envoyé une ampliation au Secrétaire d'État de la guerre, pour le montant servir à la décharge du régiment sortant, & à la charge du régiment entrant.

24.

S'IL arrivoit qu'un régiment ne fût point remplacé à l'instant, il sera dressé un état des rations restantes en magasin, en présence du Commissaire des guerres ou des Maire, Échevins ou Consuls, qui seront tenus de s'y trouver, & auxquels lesdits fourrages seront remis, ainsi que les clés des magasins; dudit état qui sera signé par l'Officier commandant & par les Commissaires des guerres, Maire, Échevins ou Consuls conjointement, seront faites deux copies, dont l'une sera par l'Officier commandant adressée au Secrétaire d'État de la guerre, & l'autre sera par lesdits Commissaires, Maire, Échevins ou Consuls envoyée à l'Intendant de la province.

25.

DANS le cas où un régiment devroit aller prendre des quartiers en un lieu où il n'y auroit point encore de magasin établi, seront envoyés à l'avance par le Conseil, un ou deux Officiers, qu'il chargera d'aller y rassembler assez de fourrages pour attendre qu'il puisse lui-même pourvoir à des approvisionnemens plus considérables; mais si le régiment ne pouvoit envoyer à l'avance des Officiers pour établir des magasins; dans ce cas, les Maire & Échevins, sur les ordres de l'Intendant de la province, qui en aura été prévenu par le Commandant du régiment, auront

9

...oin de faire trouver & distribuer le nombre de rations ...uffisantes pour faire subsister les chevaux pendant seize jours, ...& durant cet intervalle, le Conseil d'administration prendra ...es mesures pour les approvisionnemens ultérieurs, & pour ...ayer au prix fixé par l'Intendant, les rations fournies par ...es Officiers municipaux, dont la quittance sera portée en ...épense sur le registre du Conseil du régiment.

26.

S'il arrivoit que les Officiers municipaux fussent chargés ...e quelques magasins militaires, l'Officier commandant le ...giment ou la troupe, à son arrivée fera fournir à son ...orps, des fonds dudit magasin, ce qui sera nécessaire ...our la première distribution ; il se fera remettre ensuite ...s clés avec la copie du procès-verbal de la remise des ...ourrages qui lui seront livrés, & après vérification faite, il en ...onnera décharge valable aux Maire & Échevins.

27.

Lorsque la saison de mettre les chevaux au verd, ...rivera, le Conseil prendra les mesures convenables pour ...procurer au meilleur marché possible, les prairies pour ...nombre des chevaux effectifs qui devront être mis au ...rd ; les marchés faits pour cet objet, seront transcrits ...r les registres, & l'état en sera pareillement envoyé au ...ecrétaire d'État de la guerre.

28.

Dans le cas où Sa Majesté feroit rassembler & camper ...s troupes, Elle se réserve de faire faire les approvision...emens en fourrages, par les personnes qu'Elle jugera à ...opos d'en charger. Dérogeant Sa Majesté à toutes ...rdonnances précédentes en ce qui seroit contraire à la ...ésente.

Mande & ordonne Sa Majesté aux Gouverneurs & ...ommandans pour son service, dans les villes, places &

pays, aux Intendans dans ses provinces, aux Commissaires des guerres, & à tous autres ses Officiers qu'il appartiendra de tenir la main à l'exécution de la présente, laquelle sera lûe & publiée où besoin sera, à ce qu'aucun n'en prétende cause d'ignorance.

FAIT à Versailles le trente-un mai mil sept cent soixante-seize. *Signé* LOUIS. *Et plus bas*, SAINT-GERMAIN.

A PARIS,
DE L'IMPRIMERIE ROYALE.

M. DCCLXXVI.

REGISTRE DES DÉLIBÉRATIONS.

LE Conseil assemblé le   du mois d
pour pourvoir à l'approvisionnement des fourrages; vu l'état des
prix, retiré du bureau de l'Intendance d
par lequel il est apparent que la ration d'Été pourra revenir
à   & celle
d'Hiver à   Il a été arrêté
d'envoyer les sieurs
dans les villages d
pour s'informer des justes prix, & d'après le rapport qui nous
en aura été fait, être par nos ordres autorisé à l'exécution des
marchés provisoires & conditionnels, qu'ils nous rapporteront pour
la quantité d

Le Conseil assemblé le
pour examiner le rapport qui a été fait par les sieurs

du prix des fourrages & des marchés provisoires qu'ils ont faits;
Tout considéré, a approuvé & approuve l'exécution des marchés
d'achat dont ils ont justifié de   milliers
de Foin, au prix chacun de
de   milliers de Paille à   chacun,
& de   setiers d'Avoine à
dont la livraison doit être faite dans les magasins le
                        & pour raison duquel achat il doit être
payé le   la somme de

ÉTAT DES FOINS, PAILLES ET AVOINES achetés

NOMS DES OFFICIERS ou FOURRIERS, chargés des Achats.	DATES DES ACHATS ou MARCHÉS.	NOMS DES VENDEURS.	LIEUX de LEUR RÉSIDENCE.	QUINTAUX DE FOIN achetés.	PR
TOTAL des Quantités achetées					
POIDS de					
RÉDUCTIONS en rations					

ES ACHATS.

ance des Chevaux du régiment d

NTAUX PAILLE chetés.	PRIX.	QUANTITÉS D'AVOINE, mesure du Pays.	PRIX DES AVOINES à ladite mesure.	SOMMES PAYÉES.	DATES des QUITTANCES.

Boisseaux de Paris.

ÉE 177

REGISTRE DES DISTRIBUTIONS.

ÉTAT DES DISTRIBUTIONS DE FOURRAGE, faites au Régiment
d
pendant le mois d

DATE Distributions.	NOMS DES CAPITAINES.	NOMBRE DE RATIONS		
		EN FOIN, du poids de	EN PAILLE, du poids de	EN AVOINE, à le Boisseau.
TOTAL................				
RESTE en magasin.........				
RESTE en marchés à remplir....